MY
ALEPH-BET
COLORING BOOK

This Book Belongs To

_____

MY **ALEPH-BET** COLORING BOOK
©1997 Jewish Educational Toys

Printed in China
Jewish Educational Toys
P.O. Box 250469
Brooklyn, N.Y. 11225

Translations

אֶפְרֹחַ - Chick
בַּיִת - House
גְלִידָה - Ice Cream
דָג - Fish
הַר - Mountain
וֶרֶד - Rose
זְמִירוֹת - Songs
חַלָּה - Challah
טָלֶה - Young Lamb
יְרוּשָׁלַיִם - Jerusalem
כַּלָּה - Bride
לֵיצָן - Clown
מְנוֹרָה - Menorah
נֵבֶל - Harp
סֵפֶר - Book
עֲנָבִים - Grapes
פָּרָה - Cow
צְדָקָה - Charity
קִדּוּשׁ - Kiddush
רַכֶּבֶת - Train
שׁוֹפָר - Shofar
תּוֹרָה - Torah

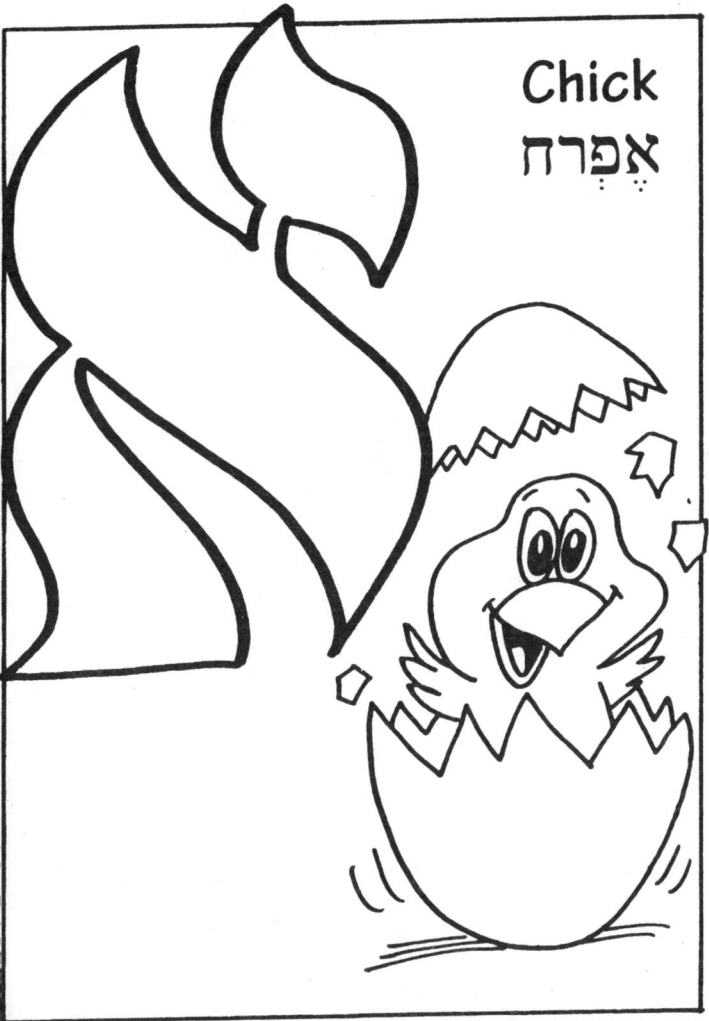

Chick
אֶפְרח

בַּיִת
House

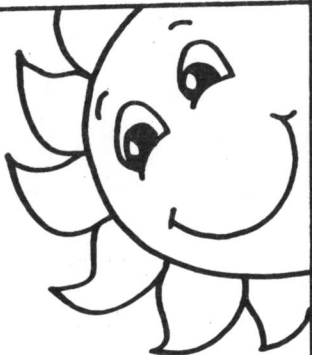

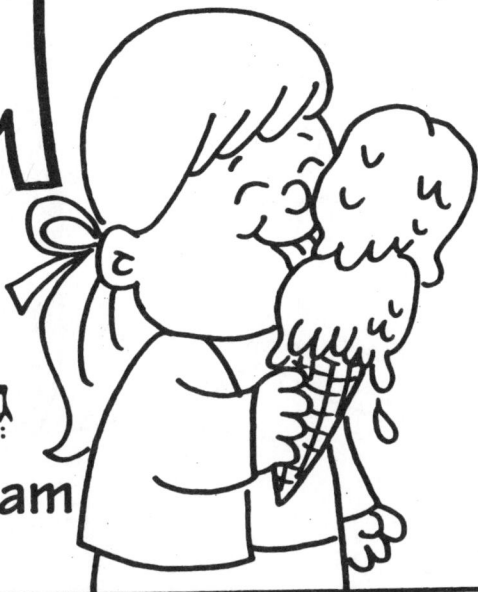

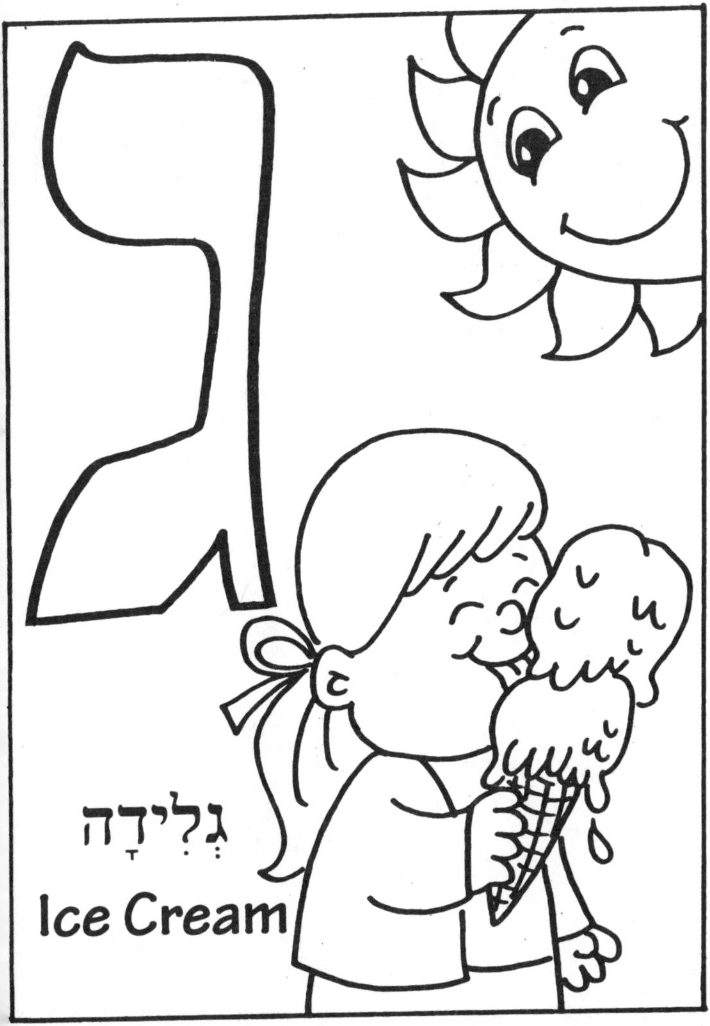

גְלִידָה
Ice Cream

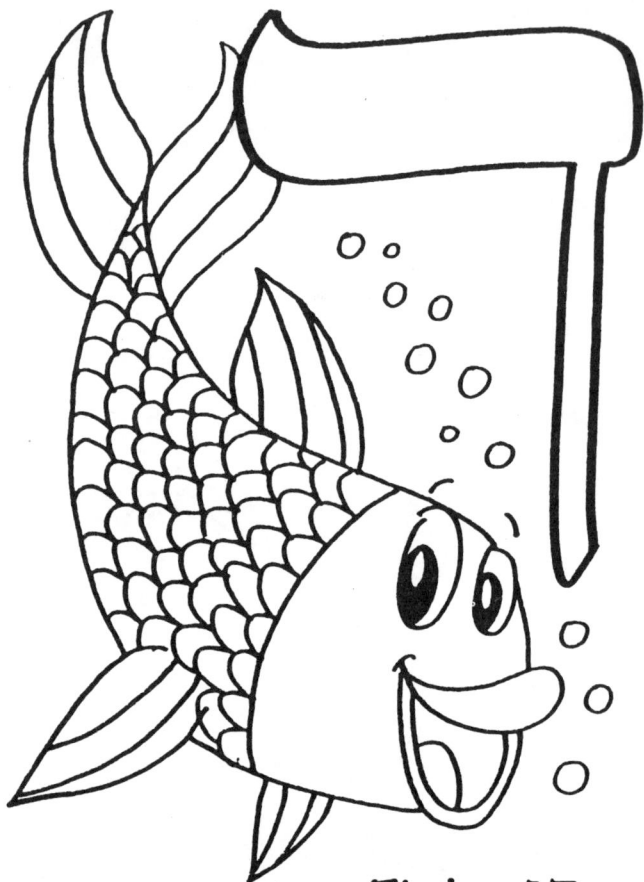

Fish דָג

Mountain הַר

Rose וֶרֶד
ו

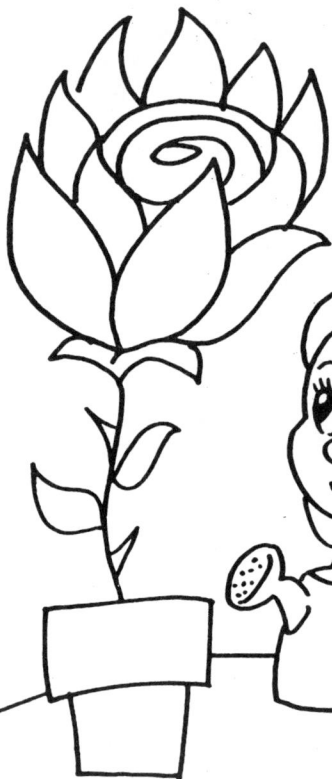

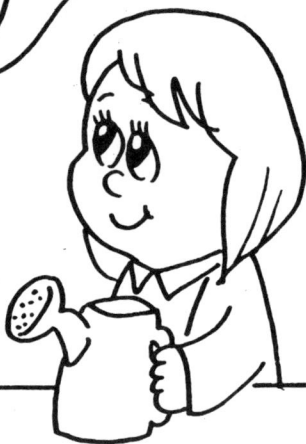

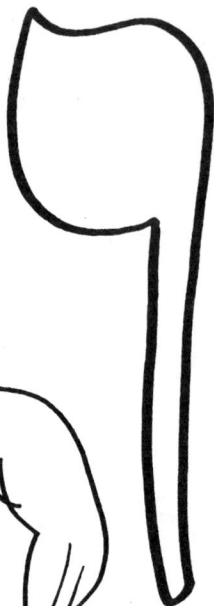

Songs זְמִירוֹת

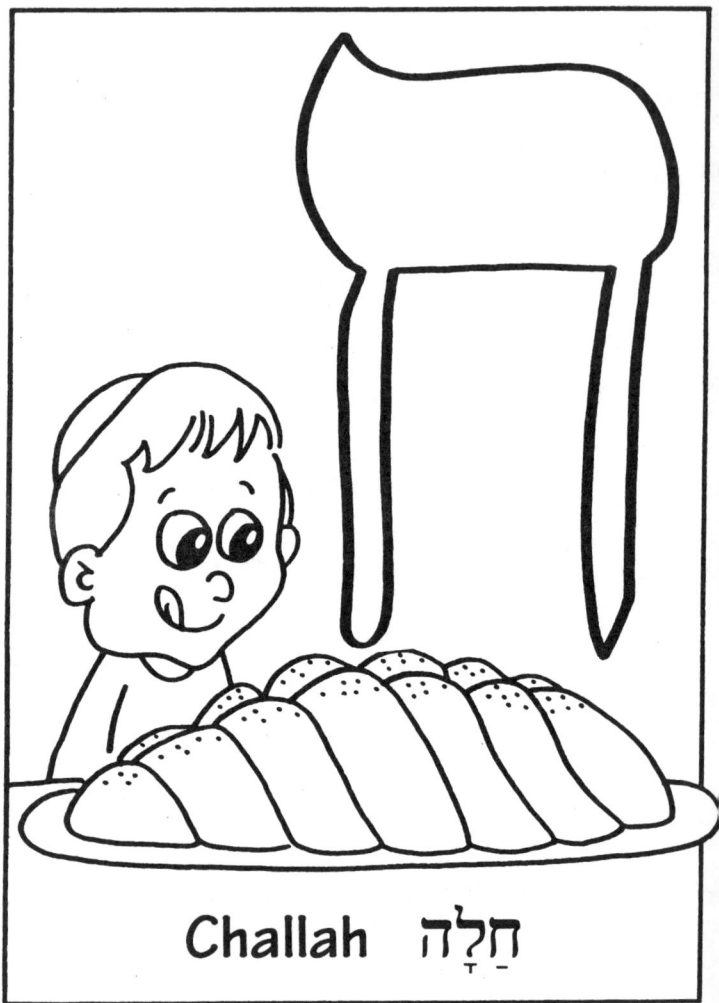

Challah חַלָה

טָלֶה

Young Lamb

Jerusalem
יְרוּשָׁלַיִם

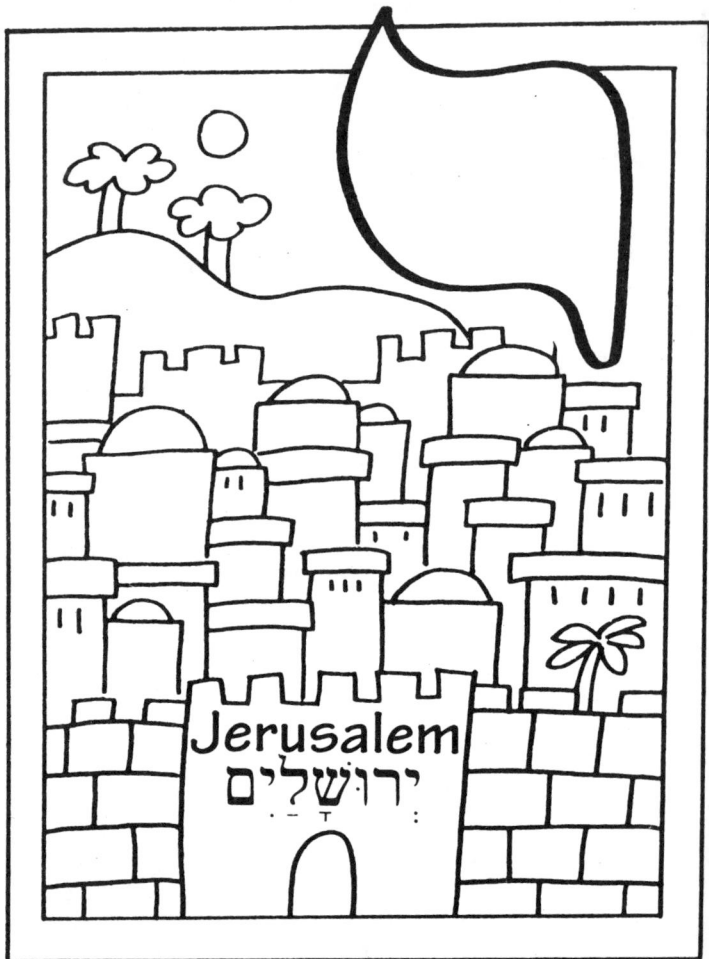

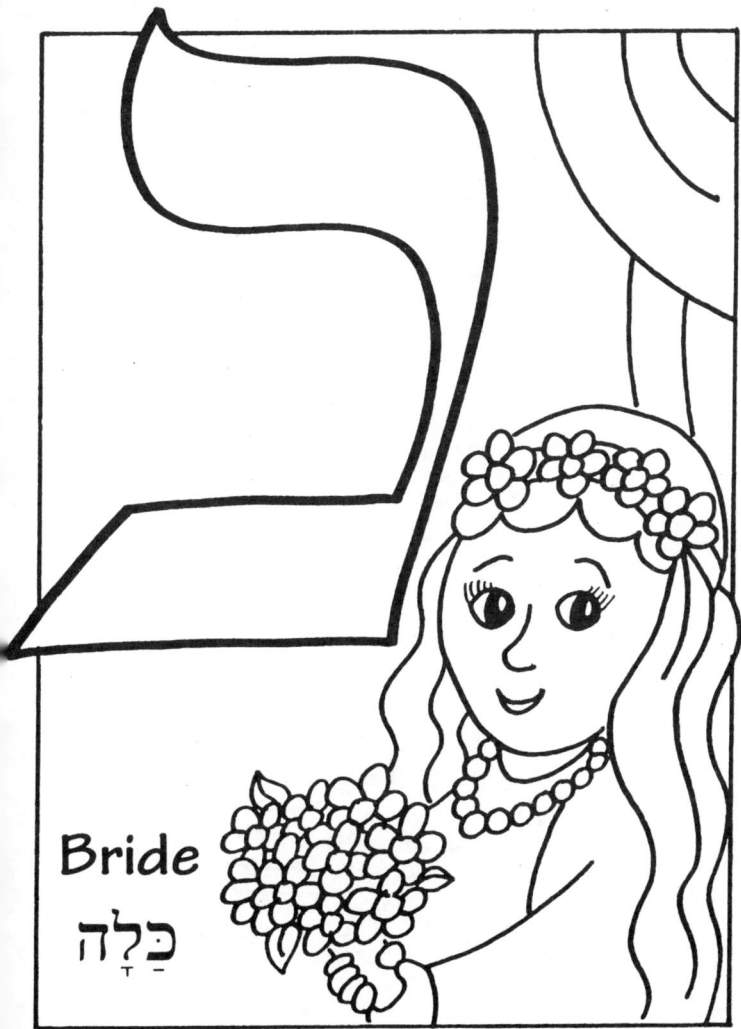

Bride
כַּלָּה

לֵיצָן

Clown

מְנוֹרָה Menorah

Harp

נֵבֶל

Book
סֵפֶר

Grapes

עֲנָבִים

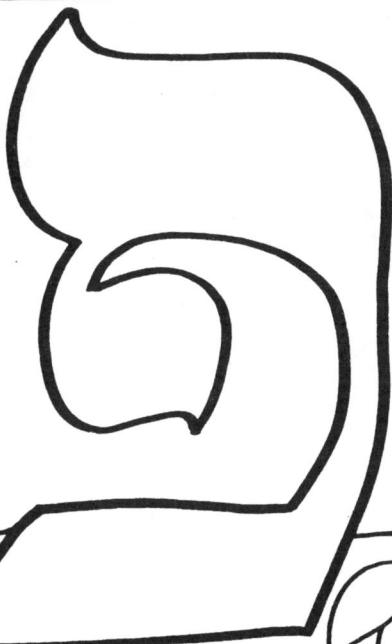

Cow פָּרָה

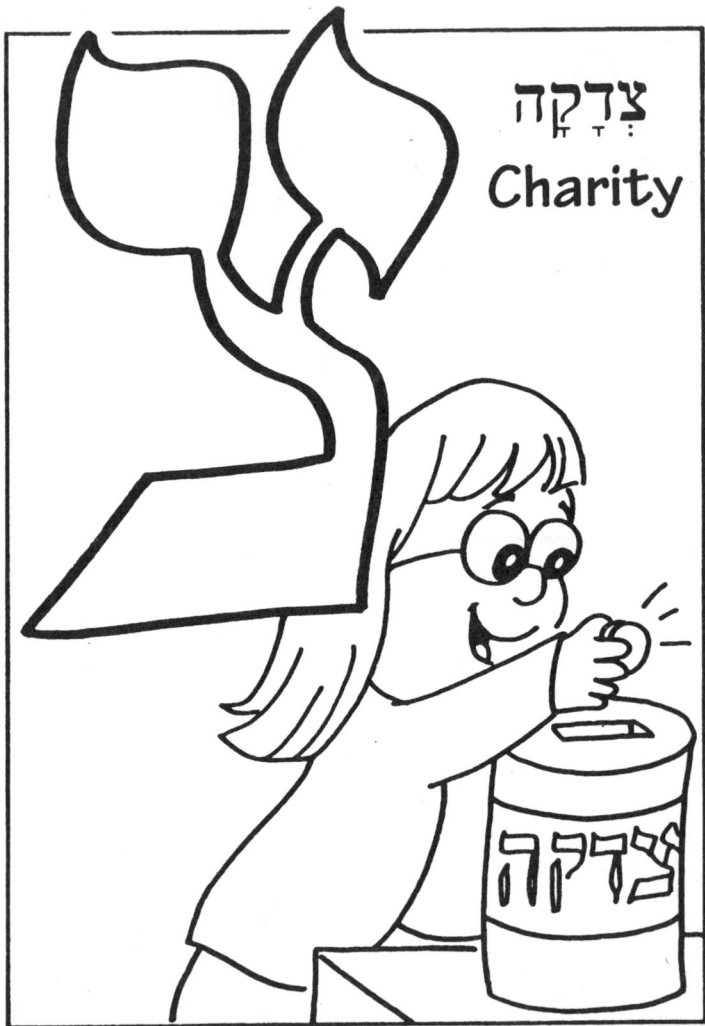

צְדָקָה
Charity
צדקה

Kiddush קִדּוּשׁ

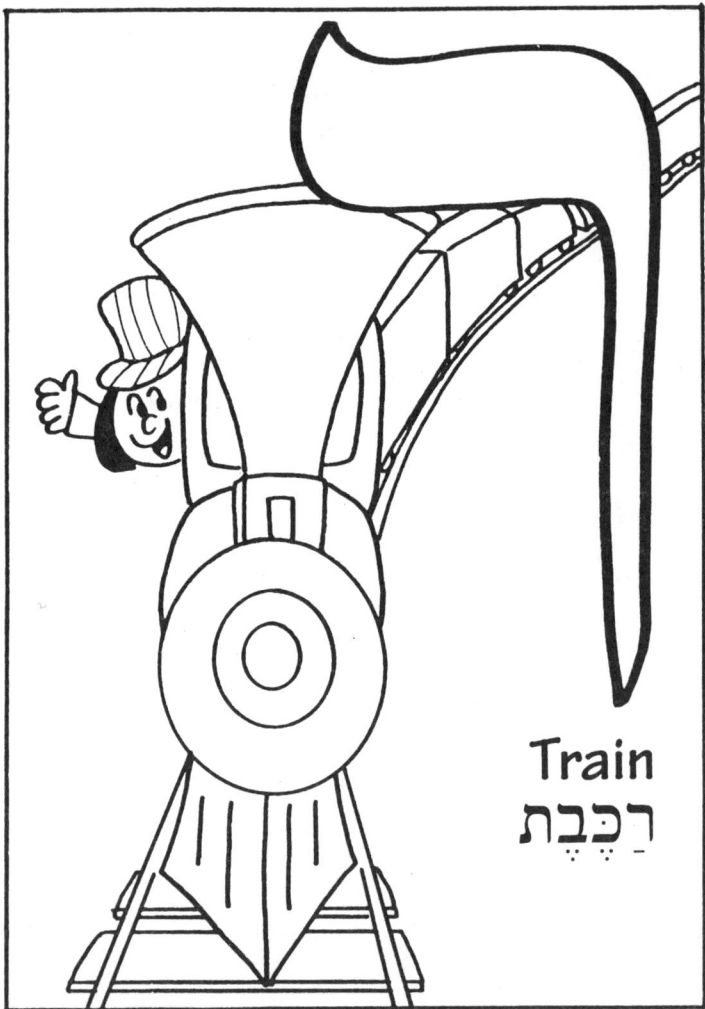

Train

רַכֶּבֶת

Shofar

שׁוֹפָר

Torah

תּוֹרָה